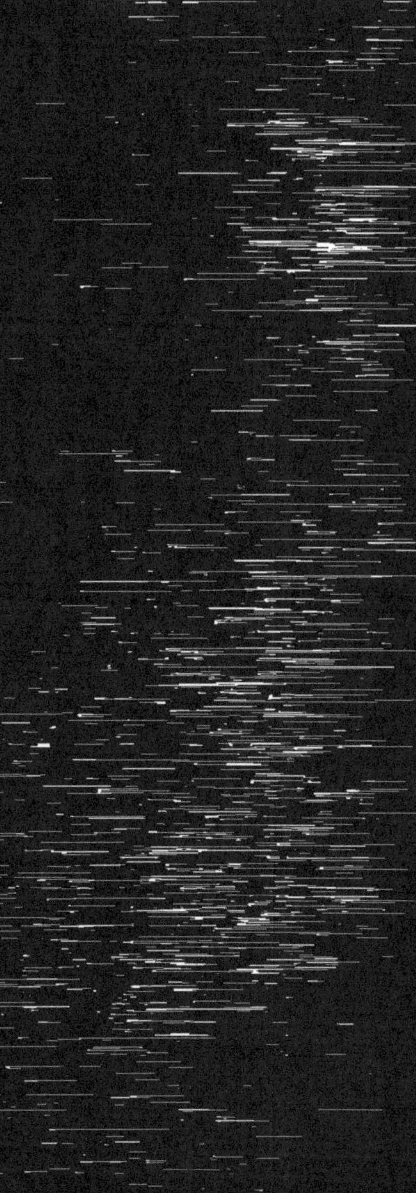

NOTICE

SAINT GENÈS

D'ARLES

MARTYR.

—

AVIGNON

SEGUIN AINÉ, IMPRIMEUR-LIBRAIRE, RUE BOUQUERIE, 15.

1869

NOTICE

SUR

SAINT GENÈS, D'ARLES, MARTYR.

I

« Le martyr propre et indigène de la ville d'Arles est le bienheu-
« reux Saint Genès *(Genesius)* (1) qui fut son nourrisson par droit
« de naissance et son patron par l'héroïsme de sa mort » Tel est le
début des pages mémorables consacrées par St Paulin de Nole à
la gloire de Saint Genès. Il semble vouloir constater par ces paroles avec quel amour patriotique et filial nos pères honorèrent
cette gloire devant laquelle s'inclina la Gaule entière, mais qui fut
avant tout leur gloire propre et indigène.

L'illustre Église d'Arles a peu de martyrs. Son monastère célèbre de vierges qui fut le modèle de tant d'autres fit briller d'un vif
éclat sur son front l'auréole de la virginité; d'ailleurs son plus
beau triomphe fut toujours dans l'éclat de son trône primatial
que révérait la Gaule à cause de la double majesté du vicariat
romain et de la sainteté de tant de ses pontifes, disciples des Apô-
tres ou rangés parmi les Pères les plus illustres de l'Église. Aussi
semble-t-elle avoir environné d'un culte et d'un amour de pré-
dilection ce jeune héros qui ajouta aux rayons de sa tiare et de
son diadème de lis les palmes du martyre et la revêtit de la pour-
pre du sang de l'Agneau.

« La France a peu de martyrs aussi révérés que Saint Genès, »
disent les plus graves et les plus savants auteurs. Saint Paulin de
Nole, Saint Eucher, Saint Hilaire, Grégoire de Tours, Prudence
et Fortunat ont consacré sa mémoire dans leurs ouvrages. Son
nom est écrit dans tous les martyrologes. Un grand nombre de
diocèses de France ont fait longtemps sa fête que plusieurs célè-
brent encore. Il fut le titulaire d'un grand nombre d'églises, entre autres de l'ancienne cathédrale de Lodève, et il serait trop long

(1) Il ne faut pas confondre Saint Genès, greffier et martyr à Arles, avec Saint
Genès, acteur, qui souffrit le martyre à Rome vers la même époque.

d'énumérer tous les pays qui portent encore son nom, surtout dans l'ancienne *Provincia Romana* et les provinces limitrophes. Un simple regard jeté sur les anciens écrits hagiographiques suffit pour démontrer quelle fut la popularité de son nom. De nos jours encore son culte est solennel à Tolède en Espagne, parmi les populations qui suivent le rite mozarabique ; mais nulle part ailleurs il n'eut plus d'éclat que dans la ville d'Arles qu'il honora par sa naissance et par sa mort.

Saint Paulin est le premier qui ait consigné ses actes dans des écrits autres que ceux de la liturgie. « Dès l'origine, dit-il, la « piété des religieux et des fidèles aurait dû confier ces actes glo- « rieux à la foi des écrits afin qu'ils pussent arriver sans mélange « et dans leur intégrité aux descendants les plus reculés, toujours « nouveaux dans l'admiration des âges et toujours vénérables « dans leur antiquité. Mais parce que les générations qui se suc- « cèdent aimèrent mieux en confier mutuellement le récit à la « seule mémoire sur laquelle plane l'incertitude, plutôt que de la « confier aux lettres, il est urgent, maintenant du moins, de les « garder dans des pages fidèles, aux âges à venir, de peur que « ces actes importants qui, grâce à des souvenirs toujours vivants, « sont racontés dans leur exactitude, ne paraissent fabuleux quand « la foi de ceux qui les racontent et qui les écoutent va s'affai- « blissant à travers les âges. »

Nous le disons avec un regret bien profond, c'est un sentiment tout contraire qui a porté la piété à demander que les actes du martyre de Saint Genès fussent tirés de la poussière des bibliothèques. Si au temps de Saint Paulin la foi et les traditions populaires rendirent le nom et l'histoire du saint martyr vivants dans les cœurs sans qu'ils fussent consignés ailleurs, c'est le contraire qui a lieu de nos jours. Fidèlement enregistrés dans les plus authentiques écrits ils ne paraissent pas gravés dans le cœur d'un grand nombre de fidèles et beaucoup les ignorent complétement. Vendue aux jours néfastes de la Révolution, l'église bâtie sur le lieu même de son martyre, est livrée à des usages profanes sans que le passant paraisse soupçonner les grands souvenirs que ses murs furent chargés d'attester. Pourtant le nom de Saint Genès est toujours populaire parmi nous ; aussi croyons-nous que le simple récit que nous faisons de son martyre et de quelques-uns de ses miracles sera favorablement accueilli, en regrettant toutefois que

les graves auteurs qui nous les ont transmis n'aient rien ajouté
de plus à leurs pages pleines d'intérêt.

II

« Saint Genès dans la première fleur de sa jeunesse était en-
« gagé dans la milice de la Province romaine, où il professait
« cet art qui consiste à égaler par la rapidité des signes et celle
« de la main la vitesse de la parole » (1). Lorsque Saint Genès se
montre à nos yeux, il nous apparaît doué de la première fleur
de l'âge ; la liturgie mozarabique se plaît à célébrer la beauté de
cette jeunesse qui fait éclater plus haut la force de son martyre. Enrôlé dans la milice et attaché à la cour du Préfet romain,
il remplissait le rôle de greffier ou plutôt de sténographe. L'art
de la sténographie, comme le témoigne la profession de notre
Saint, est loin d'être moderne. Prudence qui a célébré Saint Genès dans ses poésies a consacré aussi des vers au martyr Cassien
qui enseignait le même art. D'anciens auteurs (2) nous apprennent
qu'au temple de Jérusalem les scribes assez habiles pour égaler
par leurs signes la rapidité de la parole étaient chargés de consigner par écrit les oracles qui sortaient de la bouche inspirée
des prophètes. C'est même par cet usage et par la rapidité de la
sténographie que les commentateurs expliquent la confusion
qui apparaît parfois dans certains passages des écrits prophéti-
ques (3) ; mais l'art des scribes sténographes fut surtout employé
dans le Forum romain ; il fut mis en usage au temps de Cicéron:
Tullius Tiro, l'affranchi du grand orateur, l'exerça le premier ;
il fut élevé plus tard à la hauteur d'une fonction publique qui
dans les tribunaux se rattachait, paraît-il, aux emplois de la milice. Les procédés de cet art dans l'antiquité ne différaient pas
de ceux employés aujourd'hui. Les sténographes se servaient de
signes abrégés ou de lignes rapides, en latin *notœ* (d'où est venu
le nom de notaire), dont le nombre, la situation respective ou
les différents rapports exprimaient les différentes nuances de la
pensée. Les sténographes étaient ordinairement en nombre et se
remplaçaient souvent ; c'est ce qui peut nous expliquer comment
la fuite de Saint Genès fut si facile lorsqu'il accomplit l'acte

(1) S. Paulin.
(2) Dominicus Aulisius : liber I delle scuole sacre cap. 17 et 18.
(3) Huetius in præp. evangel. prop. 4. et sanctos meron. in prolog. ad Jeremiam

généreux que nous allons raconter. C'est à cet usage de la sténographie dans les Forums de l'empire que l'Église doit la conservation si précieuse des plus authentiques témoignages de l'héroïsme des martyrs et les réponses sublimes que l'Esprit-Saint, suivant la promesse évangélique, mettait alors dans la bouche de tant de Saints Pontifes livrés à la mort, d'héroïques jeunes gens, de timides vierges, lorsque, la divinité de leur foi éclatant dans leur langage, ils étonnaient le monde et réduisaient leurs juges à l'épouvante et au silence. Leurs interrogatoires et leurs réponses sont consignés tout au long dans les archives du vieux monde romain pour l'exemple et l'admiration des siècles.

Telle était donc la charge de Saint Genès. Il l'exerçait avec simplicité, zèle et habileté, mais elle n'était qu'une image, dit le pieux Paulin de Nole, de sa gloire future, car elle marquait avec quelle promptitude écoutant les préceptes divins il tâcherait de les graver fidèlement dans son cœur.

Bientôt une persécution éclata. Le rôle de Saint Genès l'obligeant à coopérer en quelque sorte au martyre des disciples du Christ devenait incompatible avec l'ardente foi de son âme et son caractère généreux.

Or, le jour même où fut promulgué l'édit dans la métropole des Gaules, le jeune Genesius était assis auprès du tribunal ; on proclame les ordres sacrilèges ; il ne peut même les entendre et sa main se refuse à les imprimer sur la cire. Il fait plus : par une protestation aussi éclatante qu'énergique, il saisit ses tablettes, les brise aux pieds du juge et s'enfuit.

L'audace et l'éclat d'un tel acte appelaient un supplice sévère, car il semblait mal inaugurer l'ère de la persécution et peu fait pour exciter les chrétiens au respect des édits impériaux. La fureur du juge était à son comble ; le pouvoir souverain bravé sur les marches de son tribunal voulait à tout prix faire un exemple. On était d'ailleurs à l'une de ces époques qui ont laissé les plus cruels souvenirs dans l'Église ; la persécution qui s'ouvrait devait être la dernière et la plus terrible ; si bien, qu'après avoir couvert le monde de ruines et de sang en face du silence et de la mort, les tyrans se croyant vainqueurs, élevèrent une colonne pour éterniser l'abolition du nom chrétien. Le monument et ceux qui l'élevèrent ne sont plus ; l'Église est toujours debout.

Le monde gémissait alors sous la double tyrannie de Dioclétien
et de Maximien. |La Gaule elle-même était gouvernée par le Préfet
Rictiovare dont le passage au pouvoir est marqué dans notre histoire par les fleuves de sang dont il inonda la terre gauloise. Quelle
que fût pourtant l'activité des recherches, Genès parvint à les rendre quelque temps infructueuses : fidèle au précepte de l'humilité
qui défend de tenter Dieu, et à l'esprit de l'Evangile qui permet
et ordonne même de fuir la persécution, il rendit sa retraite si
profonde qu'elle ne put être pénétrée ; si bien, que le juge à bout
de ressources ordonne enfin à ses bourreaux de le mettre à mort là
où il s'offrirait à leur vue. Le Saint l'apprenant soit par la rumeur
publique, soit par des messagers secrets, changea souvent de retraite et commença même à fuir de ville en ville. Mais en face de la
persistance et de l'activité toujours plus acharnée des perquisitions,
le généreux jeune homme comprit qu'il ne pourrait plus longtemps
fuir la rage des persécuteurs ; il voulut puiser dans les sacrements
de l'Eglise, qui sont une source si féconde d'héroïsme, la force
dont il prévoyait avoir besoin pour le combat... St Genès n'avait
pas encore reçu le saint Baptême ; il envoya donc des messagers
secrets au vénérable Archevêque d'Arles pour implorer cette
grâce. Mais, soit que l'Evêque fût empêché par le malheur des
temps, soit qu'il se défiât de sa jeunesse, il différa l'exécution de
ses vœux, lui faisant dire qu'en donnant généreusement sa vie
pour Jésus-Christ, les flots de son sang suppléeraient aux ondes du
Baptême. Supposé qu'une impossibilité matérielle n'en soit pas l'u-
nique motif, ce refus de l'Evêque d'Arles peut paraître étonnant à
ceux qui ne sont point familiarisés avec les usages du christianisme
primitif. C'est qu'à ces époques premières de ferveur et de persécution, le Baptême devait être la récompense des plus longs et des
plus pénibles efforts ; celui qui l'implorait était soumis à de longues
épreuves, à des pratiques pénibles, et obligé de suivre des cours
spéciaux d'instruction ; ce noviciat préalable s'appelait le *Catéchu-*
ménat. Alors, être chrétien, c'était souffrir « la faim, la soif, la nu-
« dité, être le mépris et la honte du monde, avoir la mort sans
« cesse devant les yeux et surabonder de joie au milieu de ces
« tribulations. » On n'admettait au premier des sacrements et l'on
ne livrait l'Ecriture Sainte et l'Eucharistie qu'à des hommes sûrs
et aguerris par de telles épreuves... épreuves si sérieuses que des
actes aussi généreux que celui de St Genès jetant ses tablettes aux

pieds du juge, ne paraissaient pas toujours devoir y suppléer. Mais le jeune athlète était prêt pour le combat. Dieu ne voulut pas lui faire attendre plus longtemps la couronne; il le montra à l'œil avide de ses persécuteurs.

Se voyant poursuivi, le Saint, par une inspiration divine, confia sa vie aux flots du Rhône. La tradition populaire, confirmée par le témoignage de plusieurs auteurs, prétend qu'à cette heure un éclatant prodige s'accomplit, soit que les flots se soient affermis sous ses pas comme autrefois sous les pas de St Pierre allant à Jésus-Christ, ou que les eaux du fleuve se soient retirées devant lui. Le ciel glorifia le martyr qui parvint promptement, sans nager, à l'autre rive. C'est ainsi que souvent à l'heure où ils allaient mourir, Dieu étendait visiblement sa protection sur ceux qu'opprimait le monde. Les ondes dans lesquelles on les précipitait refusaient de les engloutir; le feu ne les brûlait pas; les bêtes féroces soumises à leurs pieds craignaient de les dévorer. A cette vue les âmes prédestinées confessaient la grandeur du Dieu des chrétiens, mais trop souvent aussi la rage des persécuteurs refusait d'avouer le prodige qu'elle attribuait à la magie, et sévissait avec plus de cruauté. Rien ne put arrêter ni émouvoir les bourreaux qui poursuivaient St Genès; ils l'atteignirent à l'autre rive du fleuve à l'endroit même où se lève aujourd'hui une chapelle. C'est là qu'ils lui tranchèrent la tête. St Paulin dit que l'on ignore le jour et l'année de ce grand événement, mais il est généralement placé à l'année 303. Sa fête se célèbre aujourd'hui, dans le diocèse d'Aix, le premier dimanche de septembre.

« Les fidèles de cette époque voulurent que l'illustre serviteur » de Dieu étendît également sa protection sur les deux rives du » fleuve, sur chacune des deux villes arlésiennes; l'une avait déjà » les vestiges sacrés de son sang au lieu consacré par sa mort, » l'autre dut avoir ses reliques; c'est ainsi que St Genès est présent partout, là par son sang, ici par son corps. » (1) Son tombeau fut placé aux Aliscamps dont la basilique a porté pendant longtemps le nom de St-Genès.

III

De nombreux miracles se sont accomplis de tout temps, soit au tombeau de St Genès, soit sur le lieu de son martyre sans cesse

____
(1) St Paulin.

assiégé par la foule des pèlerins et des fidèles. Les auteurs ne
nous parlent point toutefois de celui que la crédulité populaire a faussement attribué à ce Saint. Il n'est point vrai que St
Genès ait renouvelé le prodige effrayant de St Denis portant entre
ses mains sa tête ensanglantée et marchant encore après son
martyre. Ce miracle reconnu pour authentique dans les actes de
l'apôtre de Lutèce, et peut être encore dans ceux d'autres Saints (1),
n'a été attribué au martyre arlésien que par une fausse interprétation de l'attitude où les peintres et les sculpteurs ont cou-
tume de représenter les Saints qui furent décapités, tenant leur
tête entre leurs mains, pour marquer le genre de leur martyre.

Un autre prodige plus authentique et plus ignoré, c'est la vertu
qui sortait d'un arbre merveilleux que Dieu fit naître du sang généreux de St Genès; les foules se précipitaient pour en arracher
les feuilles qu'elles emportaient comme un précieux trésor,
remède contre les maladies. Après de longues années, l'arbre
enfin se dessécha; le simple contact de l'écorce et du tronc opé-
rait alors les mêmes prodiges, si bien que l'arbre disparut enfin,
complétement détruit par les manifestations même de la foi des
peuples. Il fut alors remplacé par une colonne de granit que
beaucoup assurent encore avoir vue; mais il est à regretter que ce
monument nous ait été ravi, chargé sur une barque avec d'autres
objets précieux sous le premier Empire, pour enrichir les Musées
de Paris; la barque fut engloutie sous les eaux au passage du
Pont-St-Esprit.

Grégoire de Tours, de qui nous tenons le récit de ce premier
prodige, raconte encore un autre miracle non moins touchant
accompli dans la ville d'Arles par l'intercession de ce puissant
protecteur.

Une malheureuse femme fut injustement accusée de crime par
son mari. Le juge la regardant comme coupable ou subissant
peut-être l'influence d'un préjugé barbare, voulut la soumettre au
jugement de Dieu par lequel on mettait le ciel en demeure de se
prononcer par un miracle en faveur de l'innocent, et la condamna
à l'épreuve de l'eau froide. L'accusée fut conduite sur une barque
au milieu des flots du Rhône, et là, avec une pierre attachée au
cou, précipitée dans les flots.... Ces flots, ce rivage, cette sorte de
martyre, rappellent dans cette âme déchirée de grands souvenirs...

(1) Entre autres St Mitre, patron de la ville d'Aix.

Elle invoque ce Dieu de l'Evangile qui ne laissa point jeter la pierre à la femme adultère et dont la douceur sembla protester contre les rigueurs d'une loi barbare; elle se souvient surtout de St Genès traversant miraculeusement les mêmes flots; coupable, elle eût puisé dans un tel souvenir la force de mourir sans désespoir; innocente, elle ose attendre un prodige. « Grand Saint, dit-elle, qui avez sanctifié les mêmes ondes en leur confiant votre vie, sauvez-moi du danger, vous qui voyez mon innocence! » Aussitôt, malgré ses chaînes, malgré le poids de la grosse pierre et la force du courant, elle est portée sur les eaux. Le peuple, ému d'un tel prodige, envoie vers elle; ou la reçoit dans une barque, saine et sauve, glorifiant son miraculeux protecteur. Elle est conduite en triomphe à la basilique du Saint.

Mais le prodige le plus éclatant dû à la protection de St Genès, et qui rendit sa gloire plus populaire encore, est celui qui étendit l'efficacité de sa protection sur toute une foule immense en danger de périr misérablement. Non loin de l'endroit où s'élève actuellement sur le Rhône le magnifique pont tubulaire du chemin de fer, était bâti l'ancien pont romain dont les ruines s'aperçoivent encore de chaque côté du rivage sans que les vagues du fleuve ni celles du temps parviennent à ronger le dur ciment qui le bâtit. Ce pont presque en face du palais de Constantin, correspondait de chaque côté du fleuve à l'endroit le plus populeux de la cité. Dans la Camargue ce rivage est aujourd'hui désert, mais les moindres fouilles ont toujours découvert en cet endroit les plus significatifs débris; le pied du passant foule sans cesse des restes d'amphores antiques, et l'on se souvient que les travaux récents du chemin de fer de Lunel mirent à découvert sur un grand espace des ruines importantes, de nombreux piliers, plusieurs voies romaines rongées par la roue des chars, vestiges de l'ancienne cité.

Les ruines de ce vieux pont ont leur éloquence à côté des merveilles de l'art contemporain. Jamais jusqu'à ces derniers temps, il n'avait été possible de construire entre les deux rivages un pont fixe à cause de la rapidité et de la profondeur du Rhône qui mesure en cet endroit près de 20 mètres. Et pourtant, le génie romain avait hardiment jeté de chaque côté du rivage deux murs en forme de pont qui s'avançaient en triangle bien avant dans le Rhône, mais qui essayaient vainement de s'unir au milieu des

flots; l'intervalle qui les séparait avait été comblé par un pont en
bois facile à mouvoir porté sur quatre à cinq bateaux, tandis que
notre pont actuel, quoique placé entre deux rives plus étroites,
est porté par douze barques. Les Romains semblaient avoir ainsi
bravé les forces de la nature jusqu'aux dernières limites de la
puissance humaine et essayé de résoudre, par la force de la masse,
ce problème que la science moderne a si hardiment résolu en jetant sur le fleuve comme une ligne aérienne qui coupe avec grâce
le fond bleu de l'horizon, ce pont tubulaire si légèrement sus-
pendu.

Mais dans ces ruines du vieux pont il faut chercher autre chose
qu'un contraste entre les œuvres du présent et celles du passé, car
sur ces ruines plane un grand souvenir; ainsi la croix plane sur
les hauteurs du Capitole, comme une victoire du Christianisme sur
les institutions païennes. C'est le souvenir du prodige qui s'accomplit lorsque au jour de la fête de St Genès, le vieux pont romain
s'écroula sous les pas de ceux qui allaient rendre hommage au
martyr. Laissons à St Hilaire d'Arles le soin de raconter lui-même
dans son style poétique le fait merveilleux dont il fut l'heureux
témoin et dont il devint l'historien éloquent :

« Raconter les œuvres de Dieu, c'est lui rendre hommage. Il ne
faut donc point passer sous silence les prodiges de la puissance
divine opérés à la gloire du saint martyr Genès.

« Le jour même de la fête de ce Saint un accident fréquent dans
la cité d'Arles, au passage dangereux d'un pont, jeta la ville
dans une terreur bien grande, mais qui devint pourtant la source d'une double joie et rendit la solennité plus glorieuse, quand
le salut fit place au danger. A l'occasion de cette solennité la
ville d'Arles avait réuni ses enfants et un grand nombre d'é-
trangers : la ville, les places publiques et les champs étaient trop
étroits pour les contenir. En bataillon serré la pieuse armée
du Christ se dirigeait vers l'autre rive du fleuve... Portés dans la
masse populaire, ils allaient ainsi avec leurs femmes et leurs enfants, recueillir pour tous les bienfaits du martyr. Non contents
d'épancher leur dévotion en un seul endroit, de veiller dans l'é-
glise avant l'aube, ils se dirigeaient au lieu de son martyre et à
son tombeau, immolant des victimes de joie ; désireux de
remplir les oreilles du martyr de leurs supplications, ils n'atten-
daient pas les offices solennels présidés par le clergé, ni la lumière

du jour, car la splendeur de la solennité dont resplendissait la ville entière avait chassé les horreurs de la nuit. Tout à coup le chemin de bateau, grâce auquel entre les deux villes unies on foule les flots de ce terrible Rhône, soit par l'effet d'un poids inégal, d'une charge trop lourde ou des efforts obliques du courant, s'enfonce et se disjoint. On n'a jamais su la cause précise de l'accident; mais on sait bien par les embûches de quel esprit mauvais les poutres tout à coup détachées jetèrent leur précieux fardeau, je veux dire la troupe des fidèles, au milieu des flots, et cela en ma présence; je puis donc l'affirmer avec exactitude, car alors, je retirais à peine mon pied du pont.

« Aussitôt une immense clameur, tant des malheureux qui se précipitent que des spectateurs qui les entourent, s'élève de toute part; la terreur parcourt la ville entière... Chacun tremble, les uns pour un époux, d'autres pour leurs fils, d'autres pour leurs proches et leurs amis. Tous sont éplorés pour les objets divers de leur affection; les moins émus le sont du moins pour leurs concitoyens.

« Pendant que ce tragique événement s'accomplit, l'évêque Honorat de sainte mémoire, que le peuple se réjouissait alors d'avoir pour pasteur, craignant seul pour tous à la fois, sentit peser tout entier sur lui le poids d'un tel malheur. Quels furent alors les déchirements de son âme! Il devint le plus affligé parmi tant d'affligés; levant aussitôt ses yeux au ciel, par un regard dans lequel il fit passer toute son âme, en présence de nous tous qui l'entourions, il parut tout à coup ravi en esprit, et personne ne douta qu'il ne comparût à cette heure avec St Genès devant le tribunal du Christ pour implorer le secours nécessité par un si grand malheur. Cependant, au milieu du plus grand tumulte avait lieu le plus lamentable des naufrages. Aux hommes étaient mêlés les chevaux tout harnachés s'irritant des entraves mises à leur nage, le poitrail élevé, ils fatiguaient leurs jarrets, et dans leur crainte instinctive et l'emportement de leur effroi, ils broyaient tout ce qui résistait. Les esclaves étaient enlacés par les jeunes enfants encore portés aux bras de leurs mères, ou étouffés sous les litières des matrones; la pompe solennelle tout entière était mêlée à mille fragments épars.

« Et qu'on n'essaye point ici d'obscurcir par une interprétation maligne la gloire du saint martyr; qu'on n'allègue point la proximité du rivage, et que personne ne dise qu'ils ne furent point précipités dans les eaux ceux que la droite divine a sauvés d'une façon si éclatante... Car en ce même endroit abordent sans cesse des navires chargés des richesses inestimables de l'étranger. Et l'antiquité elle-même désespérant d'atteindre jamais le fond avec des pilotis, avait jeté le pont sur des bateaux.

« Mais que ceux qui voudraient douter se représentent l'ensemble de ce lamentable spectacle : le Rhône, l'écroulement, le naufrage et cette grande foule de malheureux réunie par les embûches du démon dans une immense ruine.

« Rien ne devait manquer au péril pour que rien ne manquât à la gloire du martyr. O puissance étonnante de Dieu ! c'est une armée glorieuse qui sort de ce vaste gouffre ; on dirait les flots du Jourdain entr'ouverts une seconde fois, ou la mer, comme autrefois au commandement de la verge de Moïse, ouvrant un passage au peuple de Dieu. L'écroulement n'a écrasé personne, aucun alourdi par ses vêtements n'est entraîné par le courant, le fleuve n'a absorbé personne dans ses gouffres. Mais la rive familière et chérie les a tous reçus sains et saufs ; tel qu'il était entré le cortége immense est sorti. Les mères de famille voient tirer de l'abîme leurs mobiles litières sur les épaules de leurs serviteurs ; les jeunes filles parées à l'honneur de Dieu ne perdirent aucun de leurs joyaux ; les épingles même, s'il est permis d'entrer dans ce détail, demeurent fixées comme elles l'ont été par des mains maternelles. Les enfants se jettent dans les bras de leurs parents, et chacun baise avec plus de joie celui pour lequel il avait craint davantage. La foi du peuple avait paru digne d'un prodige.

« Aussi, de peur que l'ennemi n'eût la satisfaction d'avoir empêché leur dévotion, rejetés sur le rivage arlésien, la plupart (vous le savez bien vous qui l'avez vu comme moi), malgré leurs vêtements humides, méprisant la fraîcheur du matin, montent sur des barques et parviennent joyeux et avec un air de victoire au lieu du martyre où ils se dirigeaient. O prières dignes d'être exaucées ! car l'on ne savait pas se plaindre d'avoir été en danger, mais on se montrait reconnaissant d'y avoir échappé ; tous sautent de joie et assistent avec une indicible allégresse à la solennité. On s'estime heureux d'avoir été en danger, car il est si beau d'avoir été l'objet d'un miracle.

« Honorat, le doux pasteur, tressaille en voyant intact le nombre de ses enfants. Lui sans doute d'un style plus poli et rempli de plus de charmes il eût pu consigner ce récit par écrit, et le rendre par là digne des âges à venir ; mais n'ignorant pas qu'il avait participé à la mission du saint martyr et au prodige, il craignit dans son humilité qu'il n'y eût de l'orgueil à se réjouir de ce que le ciel eût accompli un si grand miracle dans son Pontificat. »

IV.

Les reliques de Saint Genès sont conservées presque en totalité à Arles dans l'église de Saint Trophime. Profanées à l'époque de la Révolution, avec d'autres trésors de notre église métropolitaine, elles furent authentiquées de nouveau en juin 1839, à l'aide des anciens procès-verbaux des visites archiépiscopales qui en faisaient la description. Une Commission, présidée par M. Jacquemet, grand-vicaire d'Aix, aujourd'hui évèque de Nantes, fut nommée à cet effet. Le docteur Ferrier consulté au nom de la science y fit admirer son profond savoir. M. l'abbé Morel, actuellement archiprêtre, dont le nom se rattache à la conservation de nos plus précieuses traditions, devint en sa qualité de secrétaire le membre le plus actif de la Commission. Les ossements de Saint Genès furent plus facilement reconnus que d'autres à des signes indubitables, entre autres à leur grosseur ; le jeune martyr avait, paraît-il, malgré son âge peu avancé, des formes athlétiques.

Sans parler de l'église des Alyscamps qui porta longtemps le nom de Saint Genès, la ville d'Arles possédait trois chapelles érigées en l'honneur de l'illustre martyr.

La plus célèbre et la plus précieuse est sans contredit celle de Trinquetaille, située près de l'allée de Fourques, à l'endroit même où le Saint, atteint par les bourreaux, eut la tète tranchée. Cette chapelle, connue sous le nom de *Saint Genès-de-la-Colonne*, est fort ancienne, comme l'indique le style du monument: elle existait déjà depuis longtemps en l'année 1201. Sa voûte fut reconstruite en 1684. Une restauration facile en ferait un monument remarquable. A la vue de cette chapelle abandonnée, qui a d'autres mérites d'ailleurs que ses souvenirs, on ne peut s'empêcher d'être ému, en pensant que c'est là, à cet endroit même que s'empressaient les foules telles que le récit de Saint Hilaire les faisait revivre devant nos yeux. Là retentissaient leurs acclamations ; là coulaient leurs larmes ; cette terre qui but le sang de Saint Genès, elle fut le témoin de mille prodiges. Il est incompréhensible que la population arlésienne n'ait pas encore songé à la restauration de ces augustes débris.

Une autre chapelle était bâtie autrefois sur les gradins des Arènes. On sait que notre amphithéâtre devint une forteresse où nos pères voulurent abriter la religion et la liberté contre la tyrannie du Croissant. Les tours qui surmontent l'édifice, la croix des Maures, souvenir d'une victoire arlésienne sur les Musulmans, et l'ancienne église de Saint Michel de l'Escale, étaient autant de monuments de cette intéressante époque. On ne pénétrait dans l'église de Saint Michel de l'Escale, appelée ainsi à cause de cette particularité, qu'au moyen d'une échelle mobile qui se dressait contre les murs à la façon d'un pont-levis ; c'est là sans doute que les vrais fidèles, courbés dans la cité sous la tyrannie musulmane, venaient clandestinement assister à la célébration des saints mystères ; l'église de Saint-Genès était bâtie sur les gradins mêmes de l'amphithéâtre, presque à côté de Saint Michel de l'Escale. C'est ainsi que les Arlésiens semblaient avoir voulu placer leur citadelle non-seulement sous l'égide de l'archange des combats, mais encore sous la protection de Saint Genès dont l'autel était pour eux un sacré Palladium.

Enfin la quatrième chapelle élevée sous le même vocable, est située dans l'église de Saint Trophime. Un tableau remarquable, malgré le caractère naïf dont la composition est empreinte, représente le martyre du Saint ; ce qui rend encore cette chapelle intéressante, c'est qu'elle fut bâtie par Adhemar de Monteils de Grignan, le parent de l'illustre marquise de Sévigné et l'un de nos plus illustres Archevêques d'Arles ; ses cendres y reposent à côté de celles du *Coadjuteur* son neveu.

Et maintenant qu'ajouter encore à la gloire du saint martyr ? Un culte autrefois si fécond et si solennel ne pourrait-il enfin refleurir dans notre cité ? Quelques heureux indices semblent indiquer un retour de confiance vers l'ancien protecteur de la ville d'Arles. C'est sur le rivage baigné par son sang que prend naissance cette heureuse rénovation. Le digne curé de Trinquetaille, M. Bernard, ce prêtre distingué, si aimé de ses paroissiens, et si justement apprécié par la ville d'Arles tout entière, a réveillé efficacement le culte de Saint Genès. Chaque année, au jour de sa fête, les fidèles peuvent entendre son panégyrique; mais il est beau de voir surtout une association d'hommes courageux marcher sans respect humain sur les pas de celui qui brava les tyrans, portant sur leur bannière cette vieille et chevaleresque devise : *Fais ce que dois, advienne que pourra !*

Les nombreux Arlésiens en villégiature à Raphèle peuvent encore célébrer avec solennité dans la gracieuse église de ce hameau la fête de Saint Genès, depuis le jour où, par le zèle du Curé de cette paroisse, elle a pu être solennellement consacrée ; des reliques du saint martyr reposent dans le tombeau de l'autel et Saint Genès, devenu le titulaire de l'église, est le patron principal du pays.

Tout porte à croire que la même piété qui se manifeste ailleurs ne peut manquer d'éclater au cœur même de la cité arlésienne. Nous lisons dans un auteur du 17ᵉ siècle (1) qu'une ardeur nouvelle dans le culte du Saint obtint de lui le renouvellement des prodiges les plus étonnants. Puissions-nous être les heureux témoins d'une rénovation analogue ! Terminons par les paroles mêmes de Saint Paulin : « Voilà le récit des actes du martyr tels « qu'ils se sont accomplis, et qu'ils nous ont été transmis. Vous « qui les connaissez, plaisez-vous à les relire ; vous qui les igno- « rez, faites-en votre science. Puisse la gloire d'un si saint mar- « tyr aller croissant d'âge en âge, elle qui doit vaincre les siècles « éternels, et que chacun prépare son âme pour imiter suivant « ses forces, si la foi l'exige, d'aussi grands combats. Priez aussi « afin que le bienheureux Genès toujours debout auprès du trône « du Seigneur jusqu'au jour de sa justice, assiste de sa puis- « sante protection, l'Église, ceux qui la gouvernent, vous tous, « et celui qui pour votre instruction a tracé ces lignes. »

(1) Seguin. *Antiquités d'Arles.*

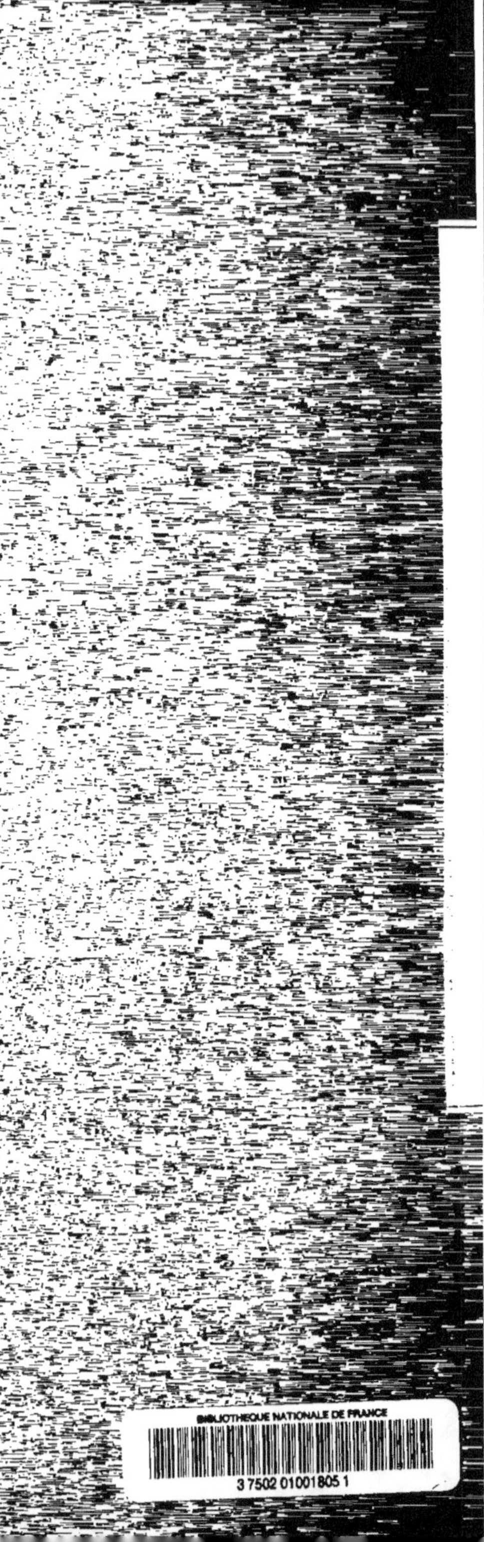